바람둥이 애인

류금선 시집

계간문예

바람둥이 애인

작가의 말

해련 류금선

　여덟 번째 시집을 내려고 마음먹으면서 한동안 나는 참 고독했습니다.
　그렇지만 위대한 이 세상 자연과 함께하며 외롭지 않고 행복했습니다. 그들은 나를 바람둥이 애인이라고 하지만 평소에 정말로 바람둥이 애인이 되고 싶었습니다. 무엇이든 화끈하게 빠지지 않고는 하루하루 살아가기가 버겁고 바쁘면서도 때로는 내 마음대로 하고 싶어 견딜 수가 없었습니다.
　언젠가 겨울 바다를 보고 싶었는데 바다는 파도를 출렁대면서 내일도 같은 파도는 아니라면서 언제든 다시 오라며 내 등짝을 다독거리더니 이 세상 어디론가 끌려가는 겨울밤에 굳어버린 파도에 길을 내며 가고 싶다 했습니다.
　한 생을 특허받은 몸으로 모호한 감성의 비등점이 상승 할 때마다 글쓰기가 나의 영혼을 적시는 삶의 원천이 되어서 힘든 세상을 묵묵히 살아가고 싶습니다.

 오랜 세월 속에서 자연치유학인 카이로프랙틱으로 아픈 환자들을 열심히 돌보는 남편과 아들이 나에겐 전부입니다.

 컴퓨터 앞에 앉아 있는 나를 볼 때마다 항상 자세 걱정을 해 왔습니다. 그럴 때마다 앉은 자세를 다시 교정하거나 일어나서 몸을 추스르고 체조를 해 보기도 했지만, 앉아서 하는 일은 건강에 항상 신경을 써야 하는 일이었습니다.

 그래도 묵묵히 바라다봐 주는 남편과 아들 덕분에 글을 쓸 수 있었습니다. 글을 쓴다고 하지만 써도 써도 늘 부족한 게 글입니다. 나를 응원해 준 모든 분께 감사드리며 부족한 글을 바칩니다.

■ 차례

작가의 말 • 4

제1부 바람둥이 애인

봄빛 소야곡 • 15
지쳐 있을 때 • 16
푸르른 오월에 • 17
설을 맞이하니 • 18
그대 생각에 • 19
멍게 알레르기 • 20
추억의 앨범 • 21
"시"를 위하여 • 22
계절은 돌고 도는데 • 23
바람둥이 애인 • 24
가장 소중한 것 • 26
내 마음은 낙엽 • 27
아버지 사진 • 28
푸르고 푸르른 날 • 29
나를 바라보는 그대 • 30
첫 키스에 대하여 • 31
새해 소원 • 32
갈바람에 아버지 • 33
별밤에 그대를 바라보며 • 34
내 영혼의 기억 • 35

제2부 나무들도 슬픔을 안다

신경 많이 쓰이는 날 • 39
함께 살아도 • 40
기억 속에서 • 41
낙엽의 길 • 42
난초 • 43
나무들도 슬픔을 안다 • 44
낙엽을 밟아요 • 45
가을비 가는 길 • 46
어느 봄날 • 47
무심하오 • 48
실외기 위에 손님 • 49
행복한 잠 • 50
햇살에 • 51
장미 인생 • 52
봄날에 꽃으로 • 53

제3부 존경받는 나날 되소서

4월 노래 • 57
내가 어때서 • 58
꽃잎 • 59
호수에서 • 60
꽃에게 • 61
존경받는 나날 되소서 • 62
내가 사는 동안 • 63
미련 없이 보내 주마 • 64
이팝나무꽃 필 때 • 65
마음은 젊게 살자 • 66
꽃잎의 이별 • 67
내가 나를 위로하는 날 • 68
내려놓으니 좋아 • 69
4월을 보내고 • 70
가는 봄 • 71
국화 사랑 • 72

제4부 꽃잎 지는 세월

사월 초파일 • 75
봄비의 마음 • 76
꽃자리에 내 마음 • 77
봄이 남긴 모습 • 78
달이고 별이고 • 79
잎새에 대해 • 80
숨겨 둔 마음 • 81
녹음방초 길목에 • 82
그대를 보내는 마음 • 83
담을 수 없는 봄 • 84
별 되고 꽃 되고 • 85
잃어버린 미소 • 86
봄비의 이별 • 87
여행하고 싶은 마음 • 88
겨울 달빛 • 89
그대가 그리운 날 • 90
꽃잎 지는 세월 • 91
그리운 단비 • 92
사랑이라면 • 93

제5부 바다 사랑

영원하리란 마음 • 97
창가에 내리는 비 • 98
겨울 들국화 • 99
바다 사랑 • 100
장마 • 101
남겨진 추억 • 102
아침 소묘 • 103
빗속으로 그리는 그대 • 104
촛불 • 105
안개 • 106
그대는 빗방울 • 107
매미의 편지 • 108

제6부 국화 향기

아지랑이 사랑 • 111
내가 바람이라면 • 112
마지막 잎새 사랑 • 113
쉼 없는 삶 • 114
외로운 꽃 • 115
나의 나무 • 116
홍시를 보면 • 117
국화 향기 • 118
낙엽이 주는 사랑 • 119
흔적 • 120
부산 해운대에서 • 121
바람의 그대 • 122
가을 사랑 • 123

제1부

바람둥이 애인

봄빛 소야곡

짙어지는 봄빛이 고운 날
세파에 노심초사해도
봄 물결 따라 거닐고 싶네

잠에서 깨어나 달빛이 산천을 휘돌 때면
추억 한 덩이 마디로 앉아
뭐든 창조하고 싶은 그대는
빛나는 태양 아래 용트림하고

연초록 잎새는 곱디고운데
그립다 못하여 터진 그리움으로
떨어지는 꽃잎이 서러워서

바람 불어오는 밤 세파에 노심초사해도
어느새 마음에 달려온 그대와 함께
봄 물결 따라 거닐고 있네.

지쳐 있을 때

일상에서 지쳐 있을 때
그대 미소를 보면 힘이 나요
일과 중 이상하게 꼬이고
복잡한 일도 있었지만

잠시 가만히 포옹해 주세요
말이 필요 없어요

사랑이 녹고
슬픔이 녹고
마음이 녹고

사랑으로 도닥도닥
그거면 충분해요

일상에서 지쳐 있을 때
그대 미소를 보면 힘이 나요.

푸르른 오월에

녹음방초 무성히 우거진 산마루
금빛 햇살이 내리쬐이는 날

숲의 소중함을 생각하며
울창한 숲길을 걸으면
자연과 어우러진 그들의 미소를 바라본다

향기 가득하던 꽃 내음 그다음이고
언제나 들풀처럼
무소유를 한 영혼으로 남으라고
푸른 향기에 취하게 하니
사랑으로 더욱 푸른 그대이어라

나에게 그대가 소중하듯
그대에게 내가 귀하게 여겨지는
우리들 사랑 언제나 한결같아라.

설을 맞이하니

산과 들에 수북한 자연은
세월을 모르는데 우리만 세월을 느끼네

들꽃도 나무들도 아쉬워하지 않는데
오늘보다 나은 내일을 기대하며
우리만 세월을 아쉬워하네

새해가 되면 지구가 처음 보는 위대한 새해
샛별을 품에 담쏙 안고
바이올린으로 하늘 귀를 열듯이
해와 하늘빛은 같아도 세월은 자라나듯이

같은 상황에서도 꿈을 가진 사람과
그렇지 못한 운명은 차이가 있지만
거두어 간 마음속에
꿈 하나 희망하나 가져야겠네.

그대 생각에

어둠을 밝혀 주려고 달이 되고 별이 되었네
높은 곳에서 내려다보면 밤에는 그대가 무얼 하는지
보이지 않는 것도 보일까 하여
가슴에 포근한 기억을 더듬어 보는데

그러던 어느 날 밤 이순과 고희를 지나
팔순을 바라본다고 생각하니
겹겹이 쌓이는 섬뜩한 고요 속 황홀한 꿈을 꾸면서도

갑자기 허리를 가눌 수 없으니
생은 오직 세월 갈수록 쓸쓸하고
그대를 사랑하는 것조차 한갓 괴로울 뿐이라고 우짖네

행여나 감춰 둔 그대 마음은
무슨 생각을 할까 궁금했는데
황혼과 함께 오는 달과 별
그대를 위하여 나는 긴 밤과 슬픔을 갖네.

멍게 알레르기

처음 보는 신비한 먹거리 바라보고도 입에 대지 못하오
해수에서 여기까지 왔으니 바다향을 느껴 보라 하오
척색동물로 암수가 한 몸에 있고
여름철에 글리코겐 함량이 많다고 제법 자랑을 하며 뽐내지만
몸은 받아들이지 않고 비위만 상하오

비정상적인 반응에 더 빛을 내는 탁자 위에 가지런함
저게 저절로 무척추동물이 되지는 않았을 텐데
바라보는 마음 한켠 엽기적으로 다가와서

해삼으로 대신하니 그 역시 비슷한 친구인데
그는 되고, 나는 거부하니 원인이 무어냐고 하오.

◆ 1977년 동해안 피서지에서 친구를 만나 룸에서 회를 접하게 되었는데 멍게와 해삼 중에 멍게 알레르기를 처음으로 느낌.

2024년《월간문학》3월호 원고.

추억의 앨범

추억도 사랑도 아름다운 거라고 마음이 움직였지요
사랑은 손에 쥘 수도 가질 수도 없는 눈물 같은 것이기에
사는 것이 힘들 때는 가끔은 하늘을 보는 것도
배우며 쉬기도 하면서 가리라 했네

살아가며 고운 모습을 담고 삶의 모습에 꽃도 심었는데
삶의 굴곡을 아프게 돌고 돌아 시름시름 앓던 꿈들이
쏟아져 비 되어 내리는데

그러나, 언젠가부터 앨범에 저장하지 않고
컴퓨터에 저장하고 외롭고 힘들 때마다 펼치기도 했으나
그때의 앨범은 사랑을 잃어 추억 속에 잠자고 있었네

"시"를 위하여

생의 낯선 시간 속에서 방황하면서
넘치는 눈물이 부족한 것은
그대를 그리는 낭만조차 잊었나 보오

삶의 의미를 묻는 자와 모든 의미를 놓아 버린 자를
내가 삶으로부터 달아날 수 없는 것은,
언제나 들풀처럼 무소유하는 영혼으로 남으리라

모든 이들이 공감하고 내 마음을 전할 수 있는
글귀와 음률을 만들 수 있다면
온 세상 자연 속에서 그대를 만나 함께하리니

머무르지 않고 흐르는 물처럼
내 몸과 마음이 미소 지을 수 있도록
생의 낯선 시간 속에서 방황한다 해도
나만의 순수한 언어를 주오.

계절은 돌고 도는데

햇살 속에 새싹이 돋고
꽃피고 열매 맺어 단풍 들더니
어느덧 낙엽 지는 바람길에 서 있네

계절마다 잎새마다 사랑할 그들을 만났고
사랑하는 그들을 떠나보냈네

우리네 인생도 그들만큼
수많은 얼굴을 만났고
그리운 얼굴들을 만나고
함께 즐기고 누군가 떠나갔네

자연은 계절을 돌고 도는데
때마다 함께하던
누군가의 사람들을 떠나보냈지만
떠나간 그들은 오지 못하네.

바람둥이 애인

나는 바람둥이
그중에서도
온갖 자연을 너무 좋아하는
바람둥이 애인

봄, 여름, 가을, 겨울
사계절이 오고 가는 동안
꽃, 나무, 풍경, 산, 바다, 새,
달, 별, 바람, 눈, 비, 햇살, 노을, 안개 등
동무하며 애인 삼아 즐기는 바람둥이

꽃이란 꽃은 다 모여 있는
꽃동산에 가면
서로 바라봐 달라고
손짓하기에 즐겁고

산에 가면 나무들은
내가 제일 크고 멋지다고
서로 키재기 자랑을 하기도 해서
쳐다보기에 바쁘오

나는 그들을 그리워하며
함께 머물기를 좋아하며
온 세상을 즐기며 "사랑하자" 하오

그래서 그들은 나를
바람둥이 애인이라 칭하오
그들이
"바람둥이"라고 한들 어떠하리
살아생전 바람 한 번 못 타 봤으니
바람둥이 애인 정말 좋구나! 좋아!

신나게 비행하는 바람 타고
온갖 풍경 구경하고 여행하며 살라오.

가장 소중한 것

삶에서 소중한 것은 건강,
이 세상 살아있는 생물체는 모두 활력을 기대한다
하늘에 사는 별은 언제나 넘치는 힘으로 늘 반짝이고 있는데

버드나무 실가지 가볍게 딛으며 오르는 만월이기보다는
동짓달 스무날 빈 논길을 쓰다듬는 달빛이었음 싶어

그들처럼, 태초에 에너지가 있는
항상 그런 삶이면 좋으련만
내게 주어진 일이 버거울 때
달빛조차 차가운 밤으로 다가온다

늘 빛나는 기쁨을 누리고 있는 그들처럼
있는 그 자리를 지키면서
빛나는 활력을 누리고 싶다.

내 마음은 낙엽

가을에는 내 마음이 낙엽이 되어 뒹굴고
버려뒀던 마음들이 노란 단풍으로
아름다운 길을 만들며
거리에 뒹굴고 있다고 생각했는데

하늘도 때로는 부정할 수 없는 슬픈 예감에
울고 싶을 때가 있듯이
가을은 나를 낙엽이 된 마음으로 만들고

누구의 마음인지도 모른 채
언젠가 책갈피에 끼워 둔 낙엽을 생각하니
소녀적 그 마음이 다시 살아나

가을에는 내 마음이 낙엽이 되어 뒹굴고
나무와 이별한 낙엽 하나 주우며 회상에 잠기네.

아버지 사진

보고 싶은 마음,
힘들게 사시느라 고생하시던 생각으로
떨쳐 버리고 그렇게 세월을 누입니다

한바탕 휘어 감긴 그리움
눈시울에 아롱진 추억 한 덩이
슬픈 웃음 감추며 뼈 아픈 심장 소리를 듣는데

낙엽처럼 쌓이던 까닭 모를 슬픔
봄볕에 저세상에선 편안하시리라 위안으로 삼고

봄볕에 꽃 한 송이 심을 생각으로 봄비를 기다리지만
꽃내음에 실려 오는 보고픔의 설레임이
온갖 들꽃에 담겨 와

바라볼수록 바보 같은 생각을
가슴에 담고 눈물 어린 시간이 흐릅니다.

계간문예《상상탐구》10호 원고

푸르고 푸르른 날

싱그러운 푸르름이 있는 날은
열매 맺을 축복에 싸여 그리움으로 머물 수 있는
조용한 꽃이 되고 싶네요

그대에게 마음 빼앗기고 싶은데
정말로 빼앗기는 날
뻐꾹새 기쁜 듯 울고 간 한나절
그러나 그대 보이지 않네요
그대에게 기대고 싶은 날 그대 오지 않네요

산도 강물에 두 발을 담그고
제 그림자를 쓰다듬고 있는데
그대 그리움은 어디 갔나요
오늘 같은 날은 하늘도 눈부시게 푸르릅니다.

나를 바라보는 그대

사랑한다고 하니 옛 마음 다시 찾아
미움의 혼란은 버리겠어요
토라졌던 마음
옹졸했다고 스스로 위로하니
굳이 가시를 감출 필요도
드러낼 필요도 없겠지요

열매 맺을 축복에 싸여
그리움으로 머물 수 있는
조용한 꽃이 되고 싶다고 하니

내 온 몸을 담고 계신 당신 눈동자 속
엷게 비치는 눈물이 보입니다
햇살은 한낮을 풀잎과 놀고
바람은 새의 날개를 저을 때
나를 바라보는 그대 사랑은
미소 가득합니다.

첫 키스에 대하여

난생처음으로
수평선에서
우아하게 바라본 하늘

하늘엔 흰 구름이
나를 부르고

하나뿐인 돛단배가
나를 태우고

하늘로 둥둥
오르는 순간.

2021. 8.

새해 소원

아침마다 거뜬하게 하루를 시작하고
움직일 때마다
온몸이 소통할 수 있으면 좋겠다

갑자기 하늘에서 행복이 떨어진다면
모두 그대에게 주고 싶다
그대의 행복이 곧 나의 행복이니까

나란히 누웠어도 서로 다른 꿈을 꾸지만
내 가난의 하늘 위로 떠오른
별들은 따뜻하듯이
아침 햇살에 내 인생이 따뜻해질 때까지

마음먹은 대로 하루 일을 할 수 있게
내 주변 모두와 손잡고 가게 하소서.

갈바람에 아버지

이별을 고하려는 잎새에서
황소처럼 일만 하시던 아버지 모습 생각 나
흐르는 눈물 닦을 수 있어도
마음의 눈물은 닦을 길 없는데

오래전 술에 취해 동료와 횡설수설하시던
그 모습에 화들짝 놀라 창피하다고 피하던 내가
갑자기 나타나 또 한 번 놀랜다

요즈음 바람도 외로워서 무척 스산해졌습니다
내 마음이 그대에게 가려고
잎새에 마음을 실었습니다

바람이 불어옵니다 어제보다 세차게 부는 것은
아마도 가을이 떠나려나 봅니다

스산한 바람은 내 모습으로 서서히 나타나
황소처럼 일만 하시던 아버지를 그리워하며
가을에 그렇게 떠나려 합니다.

계간문예《상상탐구》10호 원고.

별밤에 그대를 바라보며

별이 내려도 그대가 그리운 밤
달을 따라나서는 별은
달에 이끌려 온밤이 그리움이다

별을 끌고 가는 달은
풀밭에 나란히 앉아
바라다보는 그대 눈빛으로
사랑을 위한 사랑을 위해
별 하나를 바라보네요

우리가 두고 온 기억 속에
생과 사를 초월한 삶의 무늬
세월 강은 흘렀지만

별이 내려도 그대가 그리운 밤
사랑을 위한 별밤에
별 하나쯤 바라보며 살아가요.

내 영혼의 기억

그대와 나는
전생에 꽃과 꿀벌로
그렇게 만나지 않았을까 하오

아무것도 없어도
세상을 헤쳐 나갈 수 있다고
생각했을까요

눈빛만으로도 용기를 주며
넘치는 사랑이 있었을까요

그대를 사랑하는 동안
삶은 계절을 따라 방향이 바뀌고
모진 비바람도 견디고
폭우에 휩쓸려도 살아냈다오

사랑은 밤을 놓쳐 낮달로 떠도
살다 보니 그렇게 살아진다오.

제2부

나무들도 슬픔을 안다

신경 많이 쓰이는 날

오늘 너에게 일어난 일들
비바람에도 햇살에도
마음은 평화롭지 않다

마음 한쪽에 구름을 드리우고
애써 표정은 밝게 하려고 하지만
지난 세월이 창밖에 빗물 같은 날

이 광막曠漠한 벌판 끝에 와서
죽어도 뉘우치지 않으려는 마음 위에
오늘은 이레째 암수暗愁의 비 내리고

상대의 인상에도 그 속에 숨겨진 마음
많은 염려를 안겨준다

내 사랑을 전하는 마음에도
마음이란 너 걱정 하나 가득하다.

함께 살아도

혼자라는 것은 자유스럽다 해도
홀로이기에 외로워

주변 공기도 혼자 외로워 공중에 떠 있을 뿐
사랑의 향기 따라 더듬대던 시간

파릇파릇 핏줄 돋는 길섶마다
먹어도 먹어도 물리지 않는
밥풀 꽃 꽃등 하나,
눈빛 형형한 꽃등 하나 달아 놓고

하얀 파도 조약돌 다듬는 겨울 바다처럼
그대는 지금쯤 무엇을 할까
내 눈앞에 그려지고 있어도 그립기만 하고
꽃이 지천으로 피어난 봄인데도
혼자 있으면 외롭다네.

기억 속에서

언젠가 떠오르는 추억에서
나무 한 그루 찾았지요
살랑 바람 타고 하느적 노니는
매무새가 좋았는데

슬픈 눈빛으로 바라보는
마르지 않는 한 방울의 잉크 빛 그리움이
오래전부터 내 안에 출렁입니다

불면의 밤으로 짠 아픔들
계절의 흔적이 남긴 상처가 있나 보오

그때는 나 자신도 감당하지 못할 만큼
생각하고 싶지 않아서 눈가에 이슬이 맺혔는데

그대를 버려둔 게 아닌데
기억하기 싫은 기억이 상흔을 남깁니다.

낙엽의 길

바람이 흔들면 서로가 의지하며
노래도 부르며 함께하는 계절이었지
나는 무얼 바라 나는 다만, 홀로 침전하는 것일까

살아온 흔적 그리움 같은 눈물, 발자취
떠나보내는 마음 손 놓기 싫어하는 울렁임이

비우고 채우고
무엇을 비우고 채우는지 모르지만
시간에서는 나를 지우고 있습니다

늙기 전 젊음이 영원한 줄 알았듯이
비록 낙엽으로 뒹굴어도
사랑도 영원하리란 그 맘으로
사랑하렵니다

푸른 하늘과 꽃잎과
아낌없는 마음을 건네렵니다.

난초

곧게 바라보는 자태가
기분이 좋아진다
변함없는 모습
사철 푸른 기상

한 줌의 햇살보다
한 점의 바람보다
자신을 다 비우고
이 세상 모두를 껴안는
무언의 몸짓

가지런한 마음
윤슬로 그대 맘속에서 빛나리니

내 안에서 향을 내는 그대
내 마음도 그대를 닮아
곧추서는구나.

나무들도 슬픔을 안다

그대를 두고 온 길에는
잎사귀마다 아쉬운 이별이 이슬을 훔치고

구석구석 낯설어져 가는 가을이
못다 핀 꿈자리에 뚝뚝 떨어진다

소망하는 것과 기억되는 것들 사이로
나목은 벗기 위해 물들고 태어나기 위해 벗는다

안타까운 눈으로 그대가 우두커니
바라보는 나무들은 눈물을 훔쳤다

정녕 사랑으로 농익어
어젯밤에도, 그들과 숨죽인 동침

가기 싫었던 사랑은 흐느껴 울었다
두고 온 마음이 그대를 찾아 우는 밤.

낙엽을 밟아요

바람 불어와 쓸쓸한 날은
그대와 낙엽을 밟아 보고 싶어라

바스락거리는 낙엽은
봄부터 가을까지 수고했기에
쉬고 싶어 내려앉았네

바람에 리듬을 탄
벌거벗은 높낮이 음표들
홀로 황량한 생각
허공에 띄워도

낙엽 밟는 소리는
평온한 마음 그리운 마음
바람이 불어
더 그리운 우리 사랑.

가을비 가는 길

추위를 재촉하는 비에
오시느라 손이 차갑네요

단풍 든 가을산
낙엽이 날리는 가로수 길

구름과 바람 산을 흐르며
떨어진 은행잎을
적시고 또 적시면서
바람 따라 떠나야 하신다니

온 천지가
가을빛으로 물드는 날
그날이 오면
그리움으로 오시겠지요

내 맘의 그리움 숨겨 놓고
보내 드리옵니다.

어느 봄날

그대의 모습이 달가워서
마음이 달뜨던 날 다시 오려나
행복하지 않으려 해도
행복했던 그해 봄날

겨울을 헤치고 내게 온다면
다시 그대를 사랑하리라

그대가 남긴 발자취
인연의 갈피마다 쌓이는 사랑

그날의 모습들이
아른아른
그 어느 해의 봄날이
가까이 오네.

무심하오

그대가 무심하면
온몸이 저리고 가슴 에이는 날
물음표투성이 한줄기 찾고 싶은 마음
전화를 하면 사무적으로 받고
카톡을 보내도 대꾸도 없으니

세월 속에 함께하던 모습은
알알이 여문 불꽃
일구고 싶은 짓무른 욕망인데

그대가 무심하면
온몸이 저리고
마음 쓰이는 날

표현하는 사랑이
사랑을 지킬 수 있다고
그래도 꽃 한 송이 보내고 싶어라.

실외기 위에 손님

오늘도 양지바른 이곳을 찾았답니다
누가 있나 기웃기웃
살피는 것도 흔한 몸짓입니다

아침에 내린 비가 이파리 위에서
신음소리를 내며 어는 저녁에도
날갯짓을 잃지 않고 겨울을 나는 새들이 있습니다

배, 사과 등 과일 껍질을 쪼아보기도 하다가
때로는 흩트려 엎어 놓고 배설물 놓고 가도
저무는 하늘 낮달처럼 내게 와 머물다
소리 없이 돌아가는 새들이여

가끔 조용히 창문을 바라봐 주는
주인님과 정이 들었기에

누가 있나 기웃기웃 살피는 것도 흔한 몸짓
실외기 위의 날갯짓입니다.

행복한 잠

하루 한 번 잠을 푹 자는 것은 행복
내게 희망을 주는 것들에 감사하며
수정처럼 맑은 계곡물을
내 가슴에 흘려 넣고

사랑도 나무처럼
사계절을 타듯이
오늘은 가을 숲의 빈 벤치에 앉아
새 소리를 들으며
흰 구름을 바라보며 잠이 든다

그대 생각하다 잠들고
아침에 눈 뜨고
개운하면 행복하고
날마다 반복된다면
하루하루가 주는 행복 선물.

햇살에

잘 보이지 않던 것이
한 줌 빛 속에
숨어 있었다니

먼지가 없었는데
그대가 문틈으로 비추자
맑고 밝은 세상이 보이네

이슬도
햇살이 보듬어 주길 기다려
반짝이듯이
내 사랑도 한때
여름 햇살 같았던 날이 있었네

새벽녘 얼어붙은 달도
가슴에 안아 녹일
항상 마음이 따뜻한 그대
사랑하지 않을 수 없네.

장미 인생

모든 시선에 가벼운 인사로 답하고
도도하지도 말고
고고하지도 말자

가시를 감추려 해도
이름만으로도 소문이 나 있으니
벌레가 덤비지 않게 스스로 가꿔야 한다

화려한 만큼
생명도 길으니
누구든 탐하려고 하지만

모든 시선에
가벼운 인사로 답하고
스스로 나 자신을 가꿀 뿐이다.

봄날에 꽃으로

겨우내
애틋하여도
그대를 만나지 못하는구려

그립다 해도
그대를 보지 못하는구려

꿈결이라 해서
그대를 만질 수도 없구려

오늘은 내가 피었거니
내일은 네가 피어나라

그래서
봄날은 그렇게 꽃으로
대신하는구려.

제3부

존경받는 나날 되소서

4월 노래

기다리던 이맘때쯤이면
꿈속에서
그대 목소리 들리네

비를 몰고 오는
바람 소리
꽃들이 속삭이는
차분한 소리

질리지 않는 삶의 하루는
그대가 내게 주는 날마다의 봄

날마다 그대를 가슴에 안고
함께하리니

기다리는 동안
꿈속에서 듣던 그대 목소리
이젠 현실에서 들을 수 있으니 좋아라.

내가 어때서

식후, 그대만의 유일한 시간
소중한 일을 해야 하는데
이유 없이 나른하고 쏟아지는 졸음
그러나 슬금슬금 유혹에 빠지듯
조그만 공간 속에 즐거움이
엷은 졸음에 겨워
커피 한 잔에 담기려 하니
"그대는 나밖에 모르냐?"
나를 비웃는다
처진 어깨 따스하게 감싸안으며
"내가 어때서"
걷기 운동하러 갈 거야
나를 사랑해 주는 건 그가 너보단 낫다
그와 함께 향기 있는 숲속으로 가서
나를 건드린 너보다
따지지도 않고
차악 감기는 멋진 애인 하나 갖고 싶다.

꽃잎

지천으로 피어나는 봄꽃은
많기도 하구나

어느 꽃이건
제 모양대로 예쁘기만 한데

어디서든
바람으로 스치고
햇살로도 스치다가

봄바람에 꽃잎이 날리고
봄비에 피어나기도 하더니

그 봄비에
꽃잎이 지기도 하는 게
너라는 걸 이제야 알겠다.

호수에서

햇살이 금빛으로 일렁이는 호수에서
그대와 마음을 함께했습니다
끝없이 도도할 것 같은 울창한 나무도
초라한 나목으로 변해가는 고목인데
우리네 인생에서
서운하거나 아쉬움은 없었는지
붉은 단풍이 가지에서 손을 놓듯
나이 들어가는 자유에서
잡은 삶을 놓을 수밖에 없지 않은지
계절이 깊어서야 깨우치는 우리입니다
바람이라도 불면 마음 나려
그곳에 사랑 꽃 하나 심으렵니다
햇살이 금빛으로 일렁이는 호수에서
우리는 다시 올 수 없는 것이라 해도
시원하게 인생 한번 돌아보고
웃으며 가는 계절이 되고 싶습니다.

꽃에게

너에게 가기 위해 나는 바람이 되고 싶어
길을 가다가 너를 보니
바람에 꽃잎이 날리고
피어나게 했던 봄비에 젖기도 했지
오가는 사람들에게 향기를 주며
마음을 넓히라고
웃음이 흐르게 했던 시간들
순간을 순응하며 세상을 받아들이는 것
얼마나 소중한 것이냐
삭막한 이 세상을
아름답게 밝히고 있구나
꽃잎을 음미하다가
가지를 어루만지고
너의 심장 속으로 들어가
너에게 가기 위해
나는 바람이 되고 싶어
영원히 죽지 않는
그런 바람이 되고 싶다.

존경받는 나날 되소서

그대 몸과 마음이
하늘에 닿아
햇살로 떠오르는 날
봄이 전해 주는 쑥으로
된장국을 끓이니
봄 향기가 가득한 아침이오
한 그릇 비우시니
마음이 넉넉해졌네요
봄이 오면 쑥쑥 자라서
향기로 봄을 전하는 쑥처럼
그대 몸과 마음이
하늘에 닿아
햇살로 떠오르는 날
억새꽃 하얀 불길에
가없는 하늘의 말씀을 귀띔하고
정성을 다하고
많은 분께 도움을 주셨으니
존경받는 나날 되소서.

내가 사는 동안

세상을 살다 보니
남기고 싶은 것들 있지만

내가 사는 동안
추억으로 즐기고 싶어라

세상은
즐길 것이 너무 많은데

내가 남기고 간 것들
아끼며 즐겨 준들
내가 모르면 무슨 소용이 더냐

살면서 남기고 싶은 것들
내가 사는 동안
추억으로나 즐기고 싶어라.

미련 없이 보내 주마

봄비에 떨어진 꽃잎
아쉬워 미련 두면 뭘 하나

꽃잎은 가도
가을까지 무성히 자라기에

화려하게 꽃 피우던 그리움
내일을 위한 꿈속에서
즐거운 생을 키우리라

문득 떠났던 네 마음
추운 겨울은 보고픔 품어 안고

봄비에 떨어진 꽃잎
아쉬워 미련 두면 뭘 하나

봄이 오면 다시 올 텐데
그리워 그리워서 보내 주마.

이팝나무꽃 필 때

우연히 길을 지나는데
향기로 말을 건네니
바라보지 않을 수가 없구나
기다란 도로변에 서서
소복소복 하얗게
하얀 쌀밥으로
온통 잔치 벌였네
어쩐지 요즘
날씨가 더운 듯하더니
알리지 못한 사연
건네고 싶어
간밤에 하얗게 피었구나
바람이 비를 데려와
서러운 빗물이 되어도
서로 손잡고 마주 보니
화기애애 넘치는 사랑
지나치는 발걸음도
바라보게 하는구나.

마음은 젊게 살자

내일을 기대하고
꿈꿀 수 있는 삶

나이는 들어도
마음은 늙지 말아야 해

일상적인 삶보다는
의미를 찾고, 통쾌함도 느껴 보고
삶의 재미를 느껴 보자

이 모든 건
내가 하기 나름이다

내일을 기대하고
꿈꿀 수 있는 삶

삶의 향기를 느끼며
가슴 뛰게 살아 보자.

꽃잎의 이별

모두와 손 놓기 싫은
꽃잎은

지천에 꽃으로
미운 정 고운 정
함께하던 그리움을
남기고 가려 하니

스치듯 지나던 인연도
꽃술을 탐하던 바람도

곱게 내리던 봄비도
손 놓기 싫어 울렁이네

다른 계절에도 나를 보라고
꽃자리에 그 마음을 남기며
삶의 향기를 느껴 보라 합니다.

내가 나를 위로하는 날

걷기 운동을 하던 차
4차 백신을 맞고
걷기 운동도 못하고
한 주 이상을 쉬고
걷던 그곳을 나갔더니
바람 불고 쌀쌀해진 날씨가
그동안 잘 지냈느냐고, 눈인사
나무들과 꽃들
바람 불면 부는 대로
그렇게 변함없는데
나만 다르게 우울해진 것 같아
아쉽게 서글프다
식후 졸려서 나왔는데
졸리는 시간 빼앗은 건 다행이지
그래 그 바람에 걷기 운동했으니
얼마나 다행이오
그렇게
내가 나를 위로하는 날.

내려놓으니 좋아

우연히 오랫동안
알고 지내는 사람
속앓이를 많이 하고 사는 그녀
부부로 살면서도
수십 년을 남처럼 산다고 하면서
그동안 털어놓고 마구 욕하고
죽이고 싶다고 했길래
어쩌다 만날 때는 궁금해서
요즘은 좋아졌느냐고 하게 되는데
어느 날 갑자기
내려놓으니 좋다고 한다
그랬구나, 그럴 수가 있을까
천사가 되었구나
우리가 사는 인간사
내려놓으면
아무것도 아니다.

4월을 보내고

한동안 천지 사방
꽃 계절을 만들더니
돌아온다는 기약 없이
세월 속으로 가버렸습니다

5월의 햇살은 두터워지고
녹음방초 성성할 텐데

태양 아래 눈부신 장미가
뽐내는 5월에는
산과 들에 야생화도 한창이겠지만
그대 향한 마음이
꽃으로 피어나듯

그리움 품은 꽃자리에
슬픈 의미를 흠뻑 남기고
그대가 다시 오길
기다릴 겁니다.

가는 봄

봄바람에
꽃잎을 흩날리지만
눈빛에 슬픔이 있네요
꽃잎이 미련을 흘리니
그대는
떠나보내고 감당해야 할 시간이
초조하고 불안한 눈길이오
꽃은 피고 향기 만개하여도
아낌없이 주어도
더 주고 싶다 하오
봄비에 떠나기는 아쉬워
푸른 잎에 무성함을 더해
푸른 마음을
남기고 싶다 하네요
그 모습을
푸른 하늘이 내려다보고
아낌없는 마음을 건넵니다.

국화 사랑

노란 국화가 눈에 띄고, 자리마다 깊디깊은 침묵
가을엔 어디서나 그대를 생각하오
마음이 허허로울 때 머무는 이는
꽃을 피우고자 하는 이의 마음이오
살며시 다가와 꽃잎을 떨구고 향기를 잃어도
내겐 여전히 싱그러운 그대
이런 날이 있지요, 물 흐르듯 살다가
행복이 살에 닿은 듯이 선명해지는 밤
짧았던 하루가 끝나갈 때 아쉬운 헤어짐에
어려운 발걸음 돌리지 못한 채로
행복한 마음과 벅찬 가슴은 두근두근
저녁노을의 그 끝으로 낙엽이 지는 것을
바라보고 서 있는 그대의 그림자 곁에 서서
사랑하고 미워하는 일이
바람 같은 것임을 생각하듯이
가을엔 어디서나 그대를 생각하오.

《계간문예》 2022년 겨울호(제70호)

제4부

꽃잎 지는 세월

사월 초파일

석가모니 부처가 태어난 것을
기념하는 불탄절

온 천하가 성스러운 날
내가 나를 버리고
네가 너를 버리고

우리가 우주와 하나 됨을 일깨우면
자비가 온 세상에 가득할 텐데
말처럼 쉽지 않은 속세의 우리들
그래도 오늘만큼은

합장한 손끝에 떨어지는 한 줄기 빛
대자대비 광명이 비추더라.

봄비의 마음

떨어진 꽃잎이
네 마음을 보이는구나
온 세상에 생명수로 다가와
죽었던 생명도 살리는 봄비
그대는 정녕 위대하구나
숱한 인연의 목마름을 안고
느린 울음으로 흘러간다
물소리에 못 들은 척
단재미에 빠지더니
지워진 마음을 잡고 싶어
밤새워 편지를 써 볼까
그렇게 한다고
지워진 마음이
돌아오겠냐만
촉촉이 내리는 봄비 속에
함께한 사랑의 날들을
추억으로
봄비는 꽃잎을 보낸다.

꽃자리에 내 마음

스치듯 지나는 마음이 아니기에
그대를 남기고 가는 봄

꽃이 눈처럼 하늘하늘 흩날릴 때면
가슴 싸하던 그리움이
꽃잎에 이별 같아서
손 놓기 싫어 울렁이니

모든 인연을 몽매하며
지나는 바람이라고 생각하지 말자

스치듯 지나는 마음이 아니기에
그대를 남기고 가는 봄
고뇌조차도 승화시킬 그런 날이 오면
가슴에서 꽃이 피어날 것이라고

또 다른 계절에도 나를 보라고
그렇게 꽃자리에 내 마음을 남긴다.

봄이 남긴 모습

봄비에 떠난다는 것은
꽃이 피었을 때를
기억하라는 것

봄바람에 흩날리는 것은
꽃가루 번지는 달콤한 시간을 느끼고
빛나던 모습을
잊지 말아 달라는 것

봄의 절정이 되기까지
살가운 미소로 살아가는 순간도
손때 묻어 얼룩진 흔적까지도
그 모습 그대로
스스로의 노고에 위로하고
무지개를 띄우기도 한 그대여!

그대가 남긴 모습에
아낌없는 마음을 전하오.

달이고 별이고

어린 시절에는
달을 바라봐도
별을 바라봐도
가슴 뛰는 날이 많았다오
높이 올라 달을 잡을 때
눈길을 받으면 더욱 반짝이는 별들
어둠은 살며시 별도 밝혔지요
어둠이 빛을 모두 삼킨 날
하얗게 밤을 지새워도
새 빛을 보는 날 가슴이 설렌다오
하얀 달이 자라는 언덕에서
문풍지 사이로 흘러나오던
따뜻한 온기가 사라져도
어린 시절이나 지금에나
바라보는 달과 별은
항상 높이 오르는 게 좋아
달이 되고 별이 되었기에
어디서든 밝히는 게 소명이라오.

잎새에 대해

불현듯
내민 손을 잡을 수 있는 용기
예전엔 생각을 못 했는데

작은 관심이
잎새는 사랑이었군요
소박한 꿈을 다독이는
작은 꽃 이야기를 나누며

떨어질 것을 알고
돋아난 잎새지만
가을을 기다렸다오

불현 듯 내민 손을 잡을 수 있는 용기
예전엔 생각을 못 했는데

그대 마음은 그렇지 않을 거라고
그대 손을 잡습니다.

숨겨 둔 마음

추억 속에
아롱이는 순간들
삶의 길목 헤진 솔기마다
별꽃 단추를 달아 줄까
당신 가슴 향기롭게 해 줄
푸른 설렘이고 싶네요
그리운데 잃어버려
찾을 수 없는 그대
꽃 속에 숨었으면 그만이지
속내까지 숨기고 매정한가요
늘 잊혀져가는 세월 속에서
잊고 싶지 않은 것
그대에 대한 나의 사랑인데
봄날이 지나면 사랑도 꽃처럼 지듯이
추억 속에 아롱이는 순간들
움켜쥘수록 벗어나는
그대지만
속내까지 사랑합니다.

녹음방초 길목에

향기 가득한 꽃내음 가고 없어도
풀 향기에 취하니
녹음 짙어지는 만큼
꽃은 져도 열매는 튼튼하니
그대 사랑 더욱 푸르러라
겨우내 몸살 하던 싹들이
웃으며 올라와서
왕성한 풀빛을 보이느라 야단법석
어느새 동네 어귀로 뛰어 내려온
푸른 산이 가슴 셀렌다네
나에게 있어 그대가 소중하듯
그대에게 있어 내가 귀하게 여겨지니
바람 한 줌 노을 한 자락에도 설레기에
향기 가득한 꽃내음 가고 없어도
풀 향기에 취하니
그대와 나의 사랑 한결같아라.

그대를 보내는 마음

그대를 보낼 생각으로
눈물이 나오
그대와 함께했던 순간들이
지나고 나니 모두 행복이었소
한 줄기 고운 눈길
어제처럼 다름없고
한결같은 맘
천년만년 같을진대
보내기 싫어도 보내야 하는 계절
어쩔 수 없지만
핑계처럼 들릴지 몰라도
세상엔 그것이 인연이라네요

어루만지면 어루만질수록
그대를 보낼 생각으로
그리워지는 시간
사랑을 머금고 보내드리오.

담을 수 없는 봄

움켜쥔 봄날이
모래알 빠지듯
손가락 사이를 벗어나

잊을 수 없는 마음
매어 둘 수 없는 사랑

봄날이 지나면 떨어지는 꽃
사랑도 꽃처럼 지니

움켜쥔 봄날이
손가락 사이를 벗어나

움켜쥘수록 벗어나려는
그대는 봄날인가요
그대는 사랑인가요.

별 되고 꽃 되고

우리가 서로 가슴 떨리고
두근거림을 느낀다면
우린 사랑하게 될 거야

바라보는 눈빛이 황홀하면
네가 내 손을 잡아 주고
우린 서로 그리워할 거야

날마다 보고 싶고
날마다 부르고 싶고
늘 함께 있어도 더 함께 있고 싶어

우리가 서로 가슴 떨리고
두근거림을 느낀다면
우린 사랑하게 될 거야

이런 사랑 이런 그리움
너와 내가 별이 되고 꽃이 될 거야.

잃어버린 미소

그대 미소가
떠오르지 않는지도 모르고
삶에 쫓긴 나날엔
그대의 향기도 잊었기에
돌아볼 여유도 없이
지난 시간의 카드 속에서
그대를 찾아 헤매다 보니
그대의 미소와 향기가
없어진 지 오래였다.
꽃은 잎을 보지 못하고
잎은 꽃을 보지 못한다 해도
그러나 해 질 녘 노을처럼
한편의 아름다운 추억이 되고
소중했던 우리 푸르던 날을 기억하며
도전적인 차가운 눈빛보다
개망초가 하얀 나비 춤추는
아름다운 꽃길 따라서 가지런한 잇속을 드러낸
그대 향기로운 미소를 볼 수 있으리.

봄비의 이별

바람 불어
나뭇잎은 떨어지고
바람 없어도 꽃잎은 지듯이
너에게 보내는 작은 미소
나에게 보낸 환희
줄줄이 페차고 앉은 자리마다
꽃을 피웠는데
두고 가지 않아도 남겨지고
남겨 두고자 해도 없어지더라
봄비에 꽃 피고
봄비 없어도 꽃잎이 지니
어느 날 그대를 만나리까
바람 불어 나뭇잎은 떨어지고
바람 없어도
꽃잎은 지듯이
떠나는 건 그대지만
떠나보내는 건 내가 아니더라.

여행하고 싶은 마음

가는 세월 붙잡지 못해
꿈같은 세월이 바람처럼 스치다 보니
세월은 가슴에 못 박는 말
뜬금없이 하면서도
내 맘 위로하는 척하지 마시구려
어느새 내 나이 팔십을 바라보니
아우들과 여행이라도 하고 싶구려
다릿심이 조금이라도 있을 때
다니고 싶은 마음이구려
수고했다 자랑스러운 하루구나
토닥토닥
시곗바늘처럼 토닥여 주시구려
초침 사이를 비집고
번뇌 같은 하루가 미소를 보내듯
가는 세월 붙잡지 못해
꿈같은 세월이 바람처럼 스치다 보니
내게 용기를 주는 세월을 맞이하고 싶으오.

겨울 달빛

잎새와 함께하던
그리운 날들 속에서
그리움을 머금은 그대

바람에 업히어 구름에 실려
덩그러니 가지에 걸었습니다

차가운 북풍이 실려도
혼자라 떨고 있는 모습
내 곁에 두어
사랑을 느끼게 하고 싶지만

바람과 구름이 가는 세월 함께하니
그곳이 더 외롭지 않다는 것을

잎새와 함께하던 그리운 날들 속에서
그리움을 머금은 그대
그대를 바라본 뒤에 알았답니다.

그대가 그리운 날

쓸쓸함이
바라보는 풍경에
말없이 스며드는 날

그대가 몹시 그리워 눈 감아 보네
천둥 치며 비가 억수같이 쏟아지는 날

홀로 고독해지는 순간이면
언제부터 모아 두었던
눈물이 이토록 많은지
비가 내리듯 주룩주룩 흘러내린다

그대가 그리워 눈 감아 보네
나의 그리움은
언제나 그렇게
오늘은
종일 그대가 더 그리운 날.

꽃잎 지는 세월

꽃잎이 날리지 않게
바람을 잡아 두고 싶어
벌 나비가 유혹하지 못하게
내 마음에 들여놓았는데
내 곁에 두고자 해도
스스로 오는 세월을 잡을 수가 없네요
유년을 지나고 청춘을 지나고
중년을 지난 회한의 시간
인생에 가을이 지났군요
해를 삼킬 듯한 붉은 입술
잠시 허공에 머물며
기웃거려 보았던 내 젊음
시원하게 후련해지는
바람둥이 애인 하나 갖고 싶은 날
함께할 시간이 남아 있으니
애틋하게 그렇게 더 사랑하자고 하는데
꽃도 지고 벌 나비도 가니
어느새 바람에 꽃잎이 날립니다.

그리운 단비

메마른 나무들 목이 타고
목마른 산하는
기다림으로 안타깝네

애가 타 기다리는 생명수
그리워 그리워하니
목젖을 적시는 달콤함이
허기진 가슴에
행복으로 젖어 드네

봄부터 여름이 되기까지
그리움으로 얼마나 기다렸던가

메마른 나무들 얼마만이냐고
촉촉이 일어서고
시들어가던 산천초목이
고개 들고 웃네.

사랑이라면

그대를 그리워하다 보면
꿈을 꾸고
꿈꾸듯
그대도 나를 그리워하니

멀리 있어도
마음이 닿을 수 있는
사랑이기에

맑고 향긋한 꽃 속에서
그대가 꽃이고
나도 꽃이 되었습니다

그대를 그리워하다 보면
꿈을 꾸고
서로 그리워하니
그렇게 그리운 게
사랑인가 봅니다.

제5부

바다 사랑

영원하리란 마음

그대를 알기 전
사랑이란 사치스러운
장식품인 줄 알았네요

아침에 내린 비가
이파리 위에서
신음소리를 내며 어느 저녁에도
푸른 빛을 잃지 않고
겨울을 나는 나무들처럼

살아가면서 삶이 바빠
미처 생각지도 못하다가
늙기 전 젊음이 영원한 줄 알았듯이

마땅한 치유법이 없는
지독한 그리움처럼
사랑도 영원하리란
그 맘으로 사랑하렵니다.

창가에 내리는 비

빗방울에 어리는 그대 얼굴
창가에 부딪히는 빗속에 있네

비라도 내리는
오늘 같은 날에는
"보고 싶은데"
생전 처음 듣는 말처럼
이 말이 새롭네

잎새에 머무는 그리움
빗방울이 그리는 잎새에 있고

동그랗게 사라지는 추억
빗방울에 어리는 그대 얼굴
창가에 부딪히는 빗속에 있네

창에 수없이 부딪히는 빗방울 속에
그대와 추억이 맴돌고 있네!

겨울 들국화

꽃은 그리움을 다해서
돌아서면 그만이라는데

나비는
돌아보고 또 돌아보고
게을러 가지 못하나요

그대에 대한 아쉬운 미련에
꽃이 져도 발길을 돌리지 못하오

세월의 길목에 들국화여
나비도 추위에 잠들었으나

꽃은 그리움을 다해서
돌아서면 그만이라는데
돌아가는 길목에
그대 홀로 남아 외로워라.

바다 사랑

바다가 좋은데
곁에 두고 자주 볼 수 없다는 게
불편하지만
같은 하늘 아래
있다는 것만으로도
그대를 볼 수 있으니
얼마나 다행인지
사랑한다는 것은
그대가 살아가고 있다는 것
살아있는 내내
파도에 더 푸르른 채찍질로
심장에 펌프질하며
살아가는 그대가 대견해서
바다가 좋은데
곁에 두고 자주 볼 수 없다는 게
불편하지만
그대가 살아가는 곳이기에
신선한 바다를 사랑하오.

장마

온종일 어두운 구름이
부서질 듯
우울한 시선을 끌고

수락산 둘레길이
푸르른 나뭇잎만
조용히 웃고 있네

전동차도 다닐 수 있는
둘레길엔
나무를 보호하며 길을 만들었지만

계절을 지난 꽃잎조차
구름을 모으며
울분의 산모퉁이를 내어 주는데

온종일 먹구름이 몰려와
쏟아붓는 눈물.

남겨진 추억

그대여!
그렇게 애처로운 눈길을 주지 않아도
내가 더 서글퍼져요
눈으로 가득하던
그곳에 두고 온 흔적들
지워진 시간이 있다고 해도
남겨진 추억은
기억 속에서 아름다워요
지금도 떠오르는 추억이 있고
그 추억 속에 잠들 수 있다면
가버린 시간이라 해도
잊고 싶지 않은 날들이
너무 많아요
그대가 그렇게
슬픈 눈길을 주지 않아도
아직은 기억하는 사랑으로
행복은 남아 있으니까요!

아침 소묘

내가 이슬이 되기까지
세상은 고요해서 인기척 하나 없었다
고요를 사랑한 수증기는 차가운 물체를 안고 내려앉아
촉촉한 수분으로 신선한 아침을
맑은 정신으로 시작하게 해서
인생은 그렇게 흘러 황혼에 기우는데
한가로운 세상 풍경 속으로
인생이란 강물 위를 뜻 없이
부초처럼 떠다니다가 어느 고요한 호숫가에 닿으면
이름 모를 그들과 함께 썩어가겠지
이루지 못한 아쉬움과 초라한 속죄가
옛이야기처럼 힘들어진 나를 보며 위로하는데
내 마음 아스라한 하늘가
새털구름 따라 흐르며 그대를 만나리라
풀잎에 앉은 영롱한 모습
내가 이슬이 되기까지 세상은 고요해서
인기척 하나 없었지만
사랑과 그리움을 품은
고운 날의 추억이리라.

빗속으로 그리는 그대

찜통더위가 지속될 때는
날마다 그대라는 비를
기다리네요

꽃을 기다려 주고
향기를 기다려 주니
날마다 그윽하게
그대를 감싸겠네요

낮이 무슨 이유가 되나요
밤이 따로 있는 게 아니라
찜통더위가 지속될 때는
날마다 그대라는 비를
기다리네요

날마다 기다리던 그대이기에
사랑스럽고 그립지요.

촛불

그대를 마음에 둔 것이
죄가 되어서
그대 가까이 헤맨다오

사랑하는 것도
죄가 되어서
밤바람에 애를 태우니

허기져 오는
그대에 대한 그리움

그대를 마음에 둔 것이
죄가 되어서
그대 가까이 헤매고
촛불로
어둠을 밝힌다오.

안개

회색 물감 공간 속에 보이지 않는 늪
하루하루 살아가는 삶의 모순 속에
아득한 욕망이
허우적거리는 영혼의 세상
알 듯 모를 듯
좋은 일이 있을 듯, 아니 있을 듯
보일 듯 말 듯 소리 없이 왔다가
한 생애 전신으로 끌어올리던 온기
어느덧 전설이 되고
절벽과 벼랑 위로 몰려다니는
바람들이 사는 곳까지
신비한 뒷모습으로
영상을 만들어 놓고
고단한 몸 허둥대던 꿈속 체험이
서서히 벗겨지고 있다
보이지 않는 늪
아득한 욕망, 삶의 모순
우리의 일상이 늘 그렇다.

그대는 빗방울

그대가 그리워
빗방울을 초록에 매달아요

사랑은 다른 빗방울에 밀려
낙수가 되고

개울가의 여울진 물은
강가에서
바다로의 꿈을 키웠지만

강물에 실린 낙수는
이젠
빗방울이 아니라
꿈을 찾은 자유라네

그대가 그리워
빗방울을 초록에 매달아요
그대가 그러하듯 그렇게.

매미의 편지

그대 사랑 담은 편지
새털구름으로 띄우고

그대에게 보낼 편지 한 통
파란 하늘에 쓴다오

회색빛 도시를 벗어나
화원에서 꽃들의 잔치에
화답하는 관객이 되어

녹음에 절규하면서
그대를 부른다오

그대 사랑 담은 편지
새털구름으로 띄우고
그대를 사랑하기에
여름을 사랑하는 편지.

제6부
국화 향기

아지랑이 사랑

담쟁이넝쿨 위로
아지랑이가 아롱아롱

윤달이 들어 있는 2월
아직은 겨울인데
봄이 더디 오는가 했는데

아스팔트 위로
모락모락 졸고 있는 아지랑이

꿈을 꾸며 조는 세상이 있다
사랑도 꿈을 꾸듯이

담쟁이넝쿨 위로
아지랑이가 아롱아롱
꾸벅꾸벅 더 멋진 세상이
사랑을 위해 졸고 있다.

내가 바람이라면

보이지 않아도 머무는 곳은 많답니다
높이 솟은 깃발에도 머물고
산 위에 구름에도 머물고
빛 고운 꽃잎에도 머물렀습니다
누군가의 그리운 사랑을 담기도 하고
안타까운 사랑도 담아 보고
그대의 사랑도 내 사랑도 물론 담아 봅니다
나는 바람으로 보이지 않아도
없는 것이 아니랍니다
누가 누구를 욕할 때도 들었고
때로는 칭찬하는 말도 듣다가
누구의 사랑 독백도 들었습니다.
나는 향기도 실어 나르고
때로는 악취도 실어 나르지만
내 마음도 실어 나르고 싶습니다
보이지 않아도 머무는 곳은 많기에
내 마음을 실어 나르면
내 사랑도 피어날 것입니다.

마지막 잎새 사랑

봄에 피어나고
여름에 풍성했던 마음
버리지 못한 잎새 하나가

겨울을 달고
안타까운 사랑으로
나뭇가지에 매달렸다

잊을 건 다 잊고
버릴 건 다 버리자 하나

봄에 피어나고
여름에 풍성했던 마음
버리지 못한 잎새 하나

마지막 남은 낙엽은
희망을 마지막 잎새에 새기고
새 마음 새 꿈을 하늘에 띄운다.

쉼 없는 삶

바람으로 살아왔지만 찬 바람이 싫었다
따뜻하고 온화한 삶이 그리워
쉼 없이 살아왔지만 끝이 없는 길을 걸어왔다
등에 짊어진 삶의 무게가 온몸을 아프게 하고
매일 해결해야 하는 일은 왜 그다지 많은지
가슴으로 저며오는
싸늘한 바람 속에서 고요가 그리웠다
어차피 인생은
쉼 없는 삶이래야 했다
그러하기에 인생의 삶은
누구나 드라마틱하지 않은가
따뜻하고 온화한 삶이 그리워
쉼 없이 살아왔지만
끝이 없는 길을 걸어왔다
번민하지 않은 고뇌는
비처럼 내려
눈처럼 쌓이는 게 인생이리라.

외로운 꽃

함께 어울려야
꽃은 더 아름답다고 하오

생을 할퀴고 간 이도 없는데
외진 곳에 홀로 피었답니다

때로는 외로워
그리움에 울기도 했지만
이따금 들렀다 가는 바람이 풍경을 깨워
작은 풀잎으로도 행복하오

버려진 숲에서 십자가를 보듯
그래도 행복합니다

함께 어울려야
꽃은 더 아름답다고 하지만
나만 바라보는 이 있으니 행복합니다.

나의 나무

바람이 불면 흔들리지만
아슴아슴한 어느 훗날에도
쓰러지지 않으려면
뿌리가 깊어야 하기에
사랑의 깊이만큼 뿌리를 내려
꽃을 피우게 했으니
내 머리 위로 올라
휘파람을 불어 보기도 하고
매지구름 물리치는 모심 모아
정성 어린 사랑 밑거름으로
튼실한 열매를 맺으려 하오
바람이 불면 흔들리지만
아슴아슴한 어느 훗날에도
사랑의 관심으로
푸른 하늘을 마음껏 바라보기에
참 행복하오.

◆ 매지구름 : 비를 머금은 검은 조각구름.

홍시를 보면

하늘은 높아가고 마음은 깊어져 가는데
어머니의 목소리가 가까이 들리고
손 대면 터질 듯
먹음직스러운 홍시를 좋아하셔서
홍시만 보면 생각나는 엄마

치아가 변변치 않아
맛나게 드시던 모습 눈에 선한데
더 많이 드시게 하지 못한 아쉬움
물렁물렁한 홍시에서 씹는 즐거움
좋아하신 그 모습
빨간 홍시만 보면 생각이 난다

어릴 땐 위대하게만 보이던 엄마
세월 갈수록 자꾸 작아져만 가시던 엄마
가까이 들리는 어머니 목소리에
홍시만 보면 생각나는 울 엄마.

국화 향기

노란 국화를 바라보면
가을날 그리움의 향기가 있어
마음속까지 깊은 가을로 이끄네
쓸쓸해지는 날씨에
허허로운 마음을 위로하며
차창 밖 고운 풍경
눈 돌릴 새도 없이
아슬아슬 내달려 온 세월
그대가 살며시 나를 품어 주는 마음을 보네
국화꽃에서 머무는 이는
꽃을 피우고자 하는 이의 마음
한 평도 못 되는 마음 밭마저
차마 가꾸지 못해
빈 쌀독 같은 세상에 한숨 한 꾸러미 꾸려 놓고
봄 여름을 거쳐
비로소 맞이하는 긴 기다림
재회의 꿈 향기로 일렁이네.

낙엽이 주는 사랑

사랑은 한없이 주는 것이기에
그대에게 따스한 사랑
포근히 받고 싶어요
하나가 되고 또 하나가 되는
그런 사랑
나도 하고 싶어요
그대에게 사랑 듬뿍 보내고
그대 사랑 환희 속에서
메마른 입술
거칠어진 얼굴에도
마음은 붉어졌으니
사랑은 한없이 주는 것이기에
그대에게 따스한 사랑
포근히 받고 싶어요
다시 만날 그날을 기약하며
낙엽은 이제 떠나럽니다.

혼적

세월은 가고 오는데
그날의 혼적이 생각나는 날
바람이 불고 비가 올 때도
반짝이는 불빛 속에
그대 미소가 생각나는 날
소박한 꿈을 다독이는
작은 꽃 이야기를 나누고
젖은 삶을 생각하며
가을날의 호숫가
그 공원 벤치 위에
미소로 주고받던 이야기들
꽃은 울어도 결코
소리내어 울지 않고
웃으며 울듯이
순간순간 단꿈에 빠지며
사는 게 우리네 인생
그날의 혼적
내 가슴에 있네!

부산 해운대에서

바다는 천 년 전 바람을 데려와
파도를 보내고
사람들을 바라본다

바다가 보내는 마음을
맨몸으로 받는 사람들은
만남이 그저 반갑다

바다가 바라보는 사람들
사람들이 바라보는 바다

천 년 전 데려온 바람이
세월을 이어 오듯
일상을 벗어난 해변에서는 모두
바라보기만 해도 기분이 좋아진다.

바람의 그대

바람으로 오는 그대
그대인 줄 몰랐다오
잔잔한 바람인 줄 알았는데
마음 휘젓고 두려움도 잊게 하니
그리움인가 보오
 보고픔으로
서로의 얼굴을 파란 하늘에 그려도
언제나 멀리 있는 그리움
만날 수 없는 사랑이여
너는 너로 살고
나는 나로 살아서
스스로 굴레를 지고 사모하오
아득한 하늘에서
그대 안에, 그대의 문밖에서
내 안에, 내 마음의 눈 앞에서
바람으로 오는 그대
사람에 대한 그리움
상사想思였다오.

가을 사랑

하늘은 높고 맑아 청아하구나
산과 들은 알랑달랑 찬란한
그대만의 계절이 왔구나
보내는 시간 위에서
느리게 마음을 꺼내도
더 멀리 날아가는 가을
한여름 늘어졌던 몸과 마음이
서늘한 기운에 몸을 살피고
거리마다 뒹구는 가을에
수북이 낙엽들의 심드렁한 무덤이 쌓이면
갈바람이 억새꽃을 불러
국화 향 장식한 색깔 다른 그대
가을이 지나가는 자리마다
어느 구름에 실려 갈까
새털구름 따라 흐르다
높고 맑아 청아한
황혼에 찬란한 그대를 만나고 싶다.

계간문예시인선 **200**
류금선 시집 _ 바람둥이 애인

초판 인쇄   2024년 5월 15일
초판 발행   2024년 5월 20일

지 은 이   류금선
회   장   서정환
발 행 인   정종명
편집주간   차윤옥

펴 낸 곳   도서출판 **계간문예**
주   소   03132 서울 종로구 삼일대로 30길 21 종로오피스텔 1209호
전   화   (02) 3675-5633 팩스 (02) 766-4052
이 메 일   munin5633@naver.com
홈페이지   http://cafe.daum.net/quarterly2015
등   록   2005년 3월 9일 제300-2005-34호
연 락 처   03132 서울 종로구 삼일대로 32길 36 운현신화타워 305호
인   쇄   54991 전북 전주시 완산구 공북1길 16, 신아출판사
ISBN
ISBN 978-89-6554-118-9 (세트)

값 12,000원

잘못 만든 책은 바꾸어 드립니다.
저자와 협의하여 인지를 생략합니다.